A Martín, mi hermano, que de niño quiso ser crítico culinario.
Ahora, en su cocina siempre suena música y huele a celebración.

Violeta Cano

¿QUÉ HAY PARA COMER?

LA DELICIOSA HISTORIA DE LA ALIMENTACIÓN

Violeta Cano

PETALETRAS

ÍNDICE

DEL PRIMER FUEGO AL MICROONDAS

Es fácil perderse en la historia de la comida, porque es también la historia de la humanidad. Desde las brasas del primer fuego prendido hasta la más apetitosa vídeo-receta de la red social del momento, esta línea de tiempo será el mapa que oriente tu viaje en la búsqueda de los orígenes de tus comidas preferidas.

750 000 a. C.
Recolección de vegetales y moluscos

400 000 a. C.
Pesca y caza

PREHISTORIA

Siglo XVI
Plato

1492
Conquista de América

Siglo XIV
Casas de huéspedes
Primeros libros de cocina

Siglo IX
Manteles

EDAD MODERNA

EDAD MEDIA

Siglos XVII-XIX
Tenedor y servilleta
Primeros restaurantes modernos
Trenes y barcos a vapor

Siglo XIX
El comedor como sala del hogar

1810
Método para hacer conservas de Nicholas Appert

1841
Biberón moderno

EDAD CONTEMPORÁNEA

Y tú, ¿con qué crees que se llenarán nuestros platos en el futuro?

2016
TikTok: vídeos de recetas exprés

1994
Primer alimento transgénico: el tomate

1971
Cocina de inducción

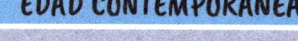

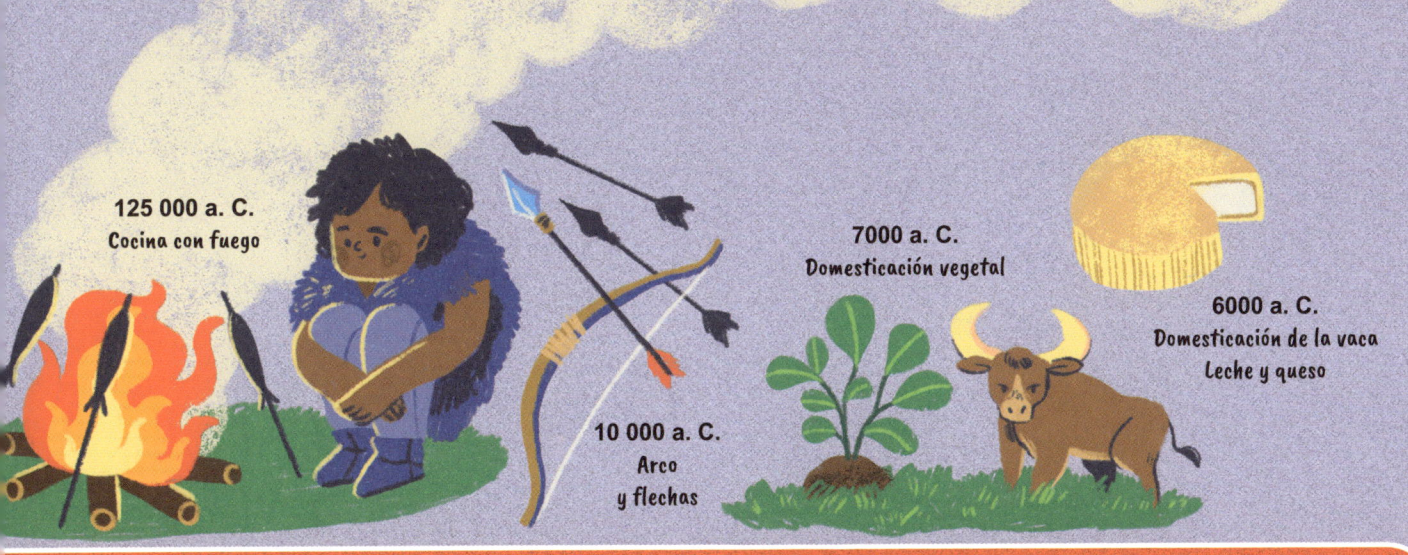

125 000 a. C.
Cocina con fuego

10 000 a. C.
Arco y flechas

7000 a. C.
Domesticación vegetal

6000 a. C.
Domesticación de la vaca
Leche y queso

27 a. C. – siglo V
ANTIGUA ROMA
Romanización
Primeras tabernas

Desde el siglo I a. C.
Ruta de la Seda

Desde el siglo X a. C.
MESOPOTAMIA
Grandes banquetes

Siglo I a. C.
ANTIGUO EGIPTO
Pan fermentado

2100 a. C.
Uso de palillos

ANTIGÜEDAD

1854
Frigoríficos a vapor
Sacaleches moderno

1876
Primer barco refrigerado:
Le Frigorifique

Finales
del siglo XIX
Cocina de gas

1912
Leche de fórmula
para bebés

1919
Olla a presión

1970
La lactancia
materna vuelve
a ser popular

1963
Primeros programas
de cocina de Julia Child

1960
Ultraprocesados

1945
Microondas

1939
Nevera eléctrica
doméstica

¿QUÉ HAY PARA COMER?

Tu plato favorito y el de tu abuela, también. La vajilla más bonita
y por supuesto, tu vaso preferido; si quieres, con pajita. Hay entrantes,
tres platos principales y tantos postres como puedas imaginar.

Espero que te hayas vestido, como mínimo, de gala: hoy tenemos
invitados de categoría. Son comidas que han viajado desde cada rincón
del tiempo y del mundo para llegar a tu mantel. O, al menos, al de este libro:
quizás el papel no se coma, pero sus páginas te abrirán el apetito:
¡tendrás hambre de comer y hambre de saber, que es casi casi igual de importante!

¡Que aproveche!

LA PRIMERA COMIDA

Hay algo que compartimos casi todos los seres humanos, sin importar el origen, la cultura, el color de la piel, o incluso, el momento de la historia: **nuestra primera comida fue la leche materna.** Ahora bien, **ni todas las madres dan el pecho ni son siempre las madres quienes proporcionan leche a sus hijos.**

¡La leche de mamá es la leche!

Y es que no solo alimenta, ¡también protege de enfermedades!

¡Hola, caracola!

Durante el embarazo, a la madre le crecen la tripa y los pechos.

Pásame a tu hermanita, ¡tiene que comer!

Al nacer el bebé, los pechos empiezan a producir leche.

Que aproveche.

A esto lo llamamos «amamantar» o «dar el pecho».

Pues si ella no quiere pizza, ¡toda para mí!

¡De eso nada, listilla!

Durante los primeros meses de vida del bebé, este será su único alimento.

HISTORIA DE LA LECHE MATERNA

NODRIZAS

En la **Antigüedad** dar el pecho al bebé empezó a ser visto como algo **vulgar**.

Para esa tarea, las familias más ricas **contrataron** a mujeres llamadas «nodrizas» hasta el siglo XVIII.

…se inventó **EL BIBERÓN**. Los bebés no saben beber en vaso.

SACALECHES

Su nombre nos chiva su función: sirve para **sacar la leche** de los pechos de la madre y **almacenarla**.

Su uso se popularizó a mitad del **siglo XIX**, cuando…

Seguido de cerca por…
LA LECHE DE FÓRMULA:
leche de vaca modificada para cubrir las necesidades de los bebés.

EN LA ACTUALIDAD…

LAS FAMILIAS TIENEN A SU DISPOSICIÓN UN MONTÓN DE ALTERNATIVAS.
Hay madres que…
• Dan el pecho solo unos meses.
• Dan el pecho unas veces y otras no.
• No dan el pecho, porque no pueden o porque no quieren.
• Siguen dando el pecho muchos años.

NINGUNA DE ESTAS DECISIONES LAS HACE MALAS MADRES.
Son ellas las que deben decidir teniendo en cuenta tanto el bienestar de su bebé como el suyo.

LA COMIDA CRUDA ES... ¿ALGO PRIMITIVO O UNA EXQUISITEZ?

Pasaron cientos de miles de años desde la aparición del ser humano en la Tierra hasta que este descubrió el fuego. Y, sin embargo, **mucho antes de encender su primera hoguera, ya cocinaba, aunque todo lo que comía era crudo** (es decir, no había pasado por el fuego). ¿Cómo es esto posible?

Cocinar es, simplemente, alterar la comida, y para eso no necesitas ni una olla exprés ni una barbacoa:

La carne se cuelga para que se seque.

Las ostras se aliñan con un chorro de limón.

Los pájaros regurgitan la comida para sus polluelos.

Y sí, esto también es cocinar.

En los inicios de los seres humanos, **la comida era escasa,** y muchos morían de hambre. Por ello, cuando se hacían con un buen alijo, a falta de neveras, **era necesario cocinarlo para que no se estropeara.** Y, de paso…, ¡quedaba mucho más rico!

La comida cruda sigue presente en las mesas de todo el mundo y, en muchos casos, en los restaurantes más **refinados**:

Jamón serrano
Patas traseras del cerdo puestas en salazón y a secar al aire.

Anchoas
Boquerones sumergidos en aceite. ¡Dan mucha sed!

Gravlax
Pescado marinado con sal, azúcar y eneldo, y enterrado bajo tierra para que fermente.

Ceviche
Carne o marisco aliñado con burbujeantes cítricos.

Sushi
Mezcla de pescado crudo, algas y arroz.

LA CAZA NO ERA COMO TE LA HAN CONTADO

La imagen que nos suele venir a la cabeza cuando imaginamos la caza en la Prehistoria es la de unos valerosos guerreros, todos **hombres y barbudos,** persiguiendo y abatiendo **gigantescos mamuts solo con su fuerza y con la punta de sus lanzas.** Sin embargo, no era del todo así.

MITO 1

Solo cazaban los hombres

Y las mujeres se encargaban de cuidar a bebés y ancianos, y de recolectar y cocinar, ¿verdad? **¡Pues no!** ¿Y cómo lo sabemos? Ahora verás. Cuando un cazador o cazadora moría, **se los enterraba de una manera especial.** En sus tumbas encontrábamos:

Huesos de grandes mamíferos

Su perro lobo junto al cuerpo

Sus armas

Al analizar estos huesos de las tumbas se ha descubierto que muchos pertenecían a mujeres. **Ellas también eran cazadoras.**

Las **armas** que usaban fueron cambiando a lo largo de los siglos:

Honda
Una tira de cuero para lanzar piedras a mucha distancia y con fuerza.

Cerbatana
Se soplaba por el tubo para lanzar proyectiles.

Bumerán
Después de lanzarlo, volvía a su dueño.

Jabalina
Una pica corta que se lanzaba.

Arco y flechas
En ocasiones, la punta de las flechas se envenenaba.

Cazaban solo con la fuerza de sus lanzas y el valor de sus corazones

¿Has visto un elefante alguna vez? Pues un mamut era aún más grande y peligroso.
¿Crees que podían cazarlo usando solo un par de flechas y un puñado de piedras? Por supuesto que no.
Había algo mucho más importante que la fuerza en la caza: el ingenio.

PLAN A: ¡FUEGO!
Lo utilizaban para asustar a las presas y llevarlas hasta zonas más accesibles para los seres humanos; o, en ocasiones, hasta **un acantilado por el que la manada se despeñaba.** ¡Bufé libre!

PLAN B: EL CAMINO DEL ENGAÑO
Construían caminos en forma de embudo con piedras y postes. Así, al final, la manada solo podría caminar por él en fila. Es mucho más fácil enfrentarse a dos mamuts que a treinta y cuatro.

¿Todo el mundo tiene clara su posición?

PLAN C: EL INFILTRADO
Se utilizaba a un **macho manso** para que guiara a su manada hasta los humanos y sus estómagos hambrientos. Y a veces, hasta un acantilado; sí, bufé libre otra vez.

DOMANDO EL FUEGO

La invención de la cocina con fuego fue la **primera revolución científica.**
Sí, puede que nuestros antepasados no se parezcan a la imagen que tenemos de un intelectual; sin embargo, gracias a su manejo del fuego, nos convertimos en lo que ahora somos porque nuestro cerebro creció y cambió.
La cocina con fuego nos hizo humanos.

Cuando cocinamos con fuego, los alimentos cambian.

Se vuelven más **apetitosos** a la vista, al olfato y al paladar.

Los **venenosos,** como las patatas, se vuelven comestibles.

Espera, ¿que las patatas qué?

Son más **fáciles de masticar,** vital para ancianos y bebés.

Los alimentos **contaminados** dejan de estarlo: el calor mata los parásitos.

Y, lo más importante, **muchos alimentos se vuelven más nutritivos:** a mejor alimentación, más energía tenemos y mejor crecemos y pensamos.

¡AAAAAAAAAAAAH!

No te lo vas a creer, pero… **la cocina no ha cambiado tanto desde que se inventó, hace casi dos millones de años.** Ya no es tan laborioso cocinar, por supuesto, y puede que los sabores sean más sofisticados, pero las técnicas utilizadas en el Paleolítico tenían poco que envidiarle a la cocina actual.

La barbacoa es antiquísima: cocinaban carne a la brasa y en adobo.

Montaban brochetas con cuchillos y palos.

Calentaban piedras en el fuego y sobre ellas cocinaban.

O, si tenían ganas de asado, enterraban las piedras en un hoyo cavado en el suelo, y después bien cubierto de hojas, que hacía de horno.

Hervían la comida en tripas llenas de agua o en cestas de mimbre cubiertas de arcilla.

19

HASTA LOS PLÁTANOS TIENEN TATARABUELOS

Cuando hablamos de **domesticación,** lo primero que nos viene a la cabeza es un perro amaestrado. Sin embargo, ¿sabías que las plantas también pueden ser domesticadas? **Domesticar es seleccionar ciertas características de un ser vivo, y lograr que se transmitan a su descendencia.**
Esto se puede hacer con los perros, pero también con las **mazorcas de maíz.**
En la **agricultura** no buscamos que los cultivos sean menos fieros, sino que:

sean lo más grandes posibles, para que den más alimento;

Colega, peinate esas greñas.

tengan pocas ramificaciones, así es más sencillo tener un huerto ordenado y productivo;

crezcan más o menos al mismo ritmo, y de esa manera, poder cosecharlos todos a la vez;

produzcan muchas semillas, para tener cosechas más grandes al año siguiente;

den lugar a nuevas variedades en cuanto al color, la forma y el sabor. ¡Hay tanto por probar!

Durante 9000 años los seres humanos **seleccionaron las semillas que mejor cumplían con estas características,** las plantaron y las cosecharon, y recogieron más semillas. Así, una y otra vez, **hasta conseguir la mazorca perfecta.**

Muchas de las frutas, verduras y legumbres que comemos a diario tienen **antepasados silvestres** y, en ocasiones, menos apetitosos.

TEOSINTE SILVESTRE
Antepasado del maíz.

Pues sí que estaban flacuchos...

DACUS CAROTA
Antepasado de la zanahoria.

En la Antigüedad se cultivaba por sus semillas y sus hojas, que se utilizaban con fines medicinales.

MUSA ACUMIATA
Antepasado del plátano.

¡Qué elegante!, ¿quizás debería dejarme crecer las semillas como ella?

SOLANUM TORVUM
Antepasado de la berenjena.

¡Mira, mamá! ¡Son amarillas!

Después de tanto ir y venir, los vegetales que creamos eran mucho más apetitosos, pero, también, menos resistentes.
Ya no crecían por sí solos sino que debíamos cultivarlos.

MÁS VALE MAMUT EN MANO QUE CIENTO VOLANDO

La caza era una tarea ardua, difícil y a menudo mortal. Por ello, buena parte de los clanes que poblaban el planeta en los albores de la humanidad encontraron otras alternativas.

Descubrieron que, en vez de seguir a las manadas para cazarlas, podían ser ellos quienes dirigieran los rebaños. **Nació así el pastoreo y, poco a poco, la domesticación.**

Los animales de aquel entonces son los **antepasados** de los que ahora pueblan nuestras granjas. Aunque eran más fieros, obtenían de ellos más o menos lo mismo.

Uro

Muflón

Entelodonte

Vaca

Un lobo bien entrenado (y alimentado) hacía de pastor

Cerdo

Perro

Oveja

¡A mí no me domesticó ningún señor de las cavernas, yo ya era gallina cuando ellos aparecieron! Mi linaje es mucho más antiguo que el de estos muermos: mi tatarabuelo fue dinosaurio.

Por una parte, porque si los seres humanos los protegían y los alimentaban, ya no necesitaban cuidar de sí mismos. **Pasaron tantos años que olvidaron cómo era su vida antes de la llegada de las personas.**

Por otra parte, porque los seres humanos elegían muy bien qué animales tenían hijos. De tal palo tal astilla: los hijos se parecían a los padres, y sus hijos a ellos. **Al seleccionarlos, se fueron transformando.**

En un rebaño de ovejas, preferían a las que dieran más leche y más lana.

Entre los cerdos, a los más jugosos, y de paso, a los menos peleones.

Los seres humanos ya no necesitaban desplazarse persiguiendo posibles presas: **podían quedarse en un mismo lugar** viviendo de la leche, la carne y los huevos de sus animales.

23

¡A LA MESA! LA COMIDA EN COMUNIDAD

La cocina con fuego es uno de los mayores descubrimientos de la historia de la humanidad, pero **no solo porque cambió lo que llegaba a nuestros estómagos, sino que también modificó la manera de relacionarnos con los demás.**

Aunque ahora nos puede parecer algo triste el hecho de comer solos, **antes de la cocina con fuego no había muchas razones para comer acompañado.**

Piénsalo: si encuentras un buen arbusto de moras, y no se lo enseñas a nadie..., ¡es todo para ti!

Pero ¡ay!, **cocinar con fuego era muy trabajoso y necesitaba muchas manos.** No nos quedaba más remedio que hacerlo **juntos.**

¿Qué hay para cenar?

La cocina con fuego nos reunió todos los días, a la misma hora alrededor de la lumbre: **la comida pasó a ser un ritual que se disfrutaba en compañía.**

En **Mesopotamia,** una de las primeras civilizaciones conocidas, esto lo tenían muy claro: **la comida era mucho más que comida.** Se organizaban enormes **banquetes** para demostrar el poder del reino: **uno de ellos duró nueve días con sus nueve noches.**

Ya no cocinamos al fuego y, cada vez más, solemos hacerlo en solitario; sin embargo, **seguimos reuniéndonos para comer.** A diario, y sobre todo en **ocasiones especiales.**

SÁNDWICHES DE QUESO EN EL ANTIGUO EGIPTO

A simple vista, el queso y el pan no parecen tener mucho que ver, más allá de que juntos estén riquísimos y que ambos son fermentos. En estas páginas aparecen juntos porque coincidieron en el **Antiguo Egipto,** posiblemente por un **despiste afortunado.**

Antes del pan, en Egipto se comía una **masa de cereales sin miga, compacta y plana.** Dice la leyenda que esto fue así hasta que uno de los encargados del horno se olvidó una de esas masas en un rincón… ¡y fermentó!:

1 En ese rincón, los hongos invadieron la masa y empezaron a devorar el azúcar del alimento.

2 Cuanto más comían, más aire liberaban dentro de la masa, que burbujeaba.

3 El encargado del horno la encontró días después, pero decidió cocinarla igualmente.

4 Al calentarla, la masa empezó a subir y a subir, hinchándose y dando lugar, por primera vez…

¡Un pan tan esponjoso como una nube!

Fermentar es, en cierto modo, **esperar a que tu comida se pudra,** eso sí, evitando que se vuelva venenosa y buscando que esté más rica, que se conserve mejor o que sea aún más nutritiva.

¿Cuándo piensas limpiar los platos?

No te preocupes, papá. Están fermentando. Espera y verás.

PAN

QUESO

Para convertir la harina en pan, la fermentamos: añadimos un **hongo** llamado **levadura,** que le da ese sabor tan característico y vuelve esponjosa la miga. Para los egipcios, el pan era un alimento tan importante que **organizaban su calendario alrededor del cultivo del trigo,** que utilizaban para hacer harina.

En vez de cuatro estaciones, tenían tres:

Para que la leche pueda convertirse en queso, le añadimos **bacterias** que denominamos **fermentos lácticos.** Dependiendo del tipo de fermento y del tiempo que lo dejemos madurar, conseguiremos un tipo de queso u otro. ¡La variedad es casi infinita!

El descubrimiento del queso permitió **conservar la leche largas temporadas** y tener alimento incluso en las épocas de mayor escasez.

AJET
Inundación

PERET
Siembra

SHEMU
Recolección

Su pasión por el pan era tan conocida que en otras regiones apodaban a los egipcios **«los comepanes».**

REQUESÓN
Dulce y blandito, similar al que hacían en el Antiguo Egipto.

CAMEMBERT
La corteza tiene moho. Sí, adrede. Ya, es difícil de entender.

EMMENTAL
Las burbujas de gas producidas por el fermento crean agujeros. Comida y laberinto, todo en uno.

CABRALES
Lleno de manchitas azules y con un olor que tumbaría a un elefante.

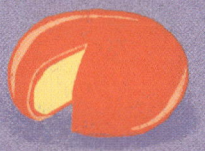

EDAM
Se envuelve en una capa de cera.

LOS ROMANOS TAMBIÉN HACÍAN DIETA

En la A≠ntigua Roma (del siglo VIII a. C. al V d. C.) conocían perfectamente
la importancia de la comida; tanto que para ellos era parte fundamental
de la medicina. Esto llegaba hasta tal punto que si ibas al médico, era posible
que salieras con la misma faringitis, pero con la orden de comer más remolacha.

El médico te hacía, casi, un test de personalidad..., aunque
un poquito superficial:

¿Eres viejo?

¡Muchísimo!

¿Melancólico?

A ver, igual cuando llueve, pero me considero alguien bastante alegre y...

LO TUYO ES...

LA CARNE...

Y EL VINO TINTO.

¿Eres joven?

¡Por ahora!

¿Optimista?

Pues claro.

LO TUYO ES...

EL PESCADO...

Y LA FRUTA

¿No podrían ser dulces?

Eso sí, si estabas enfermo,
lo mejor era dejar la comida
de lado, de lo contrario, lo que
alimentarías no sería tu cuerpo,
¡sino la enfermedad que
acabaría con él!

ALIMÉNTAME.

Aunque podemos reírnos al conocer cómo entendían los romanos la comida, realmente no tenían tanto que envidiarnos...

En la actualidad, aparece casi cada día una nueva dieta milagrosa, todas con el mismo objetivo: adelgazar.

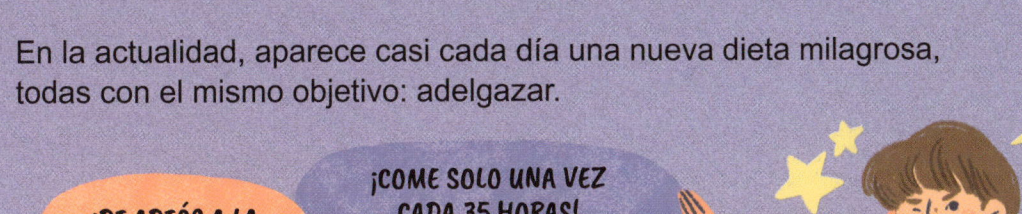

¡DI ADIÓS A LA COMIDA SÓLIDA!

¡COME SOLO UNA VEZ CADA 35 HORAS!

¡NO VUELVAS A COMER UNA GALLETA EN TU VIDA!

¡AHORA, SOLO CARNE A LA PLANCHA!

TODOS TUS PROBLEMAS VIENEN DEL GLUTEN.

Las más afectadas por todas estas locuras somos, sobre todo, las mujeres y las niñas.

Los ideales físicos han cambiado una y otra vez, y las mujeres han tenido que adaptarse de mil maneras para alcanzarlos. Por ejemplo:

ANTIGUO EGIPTO

Pelo decolorado

Cintura estrecha

Caderas anchas

Piel morena

ANTIGUA GRECIA

Uniceja

Espalda ancha

Pies muy pequeños

JAPÓN MEDIEVAL

Labios diminutos

Piel pálida

Frentes lo más amplias posible

Pelo largo y liso

RENACIMIENTO

Figura redondeada

Siglo tras siglo, se ha decidido qué cuerpos son correctos y cuáles no.

Sin embargo, ¡en la Antigua Roma y ahora!, siempre ha habido cuerpos de todas las formas y tamaños.

LOVE your BODY

Ningún cuerpo es un problema que debamos solucionar a base de dietas milagro.

29

EUROPA ENFRENTADA: ACEITE DE OLIVA O BARBARIE

Allá por el año 300 a. C., a los **romanos** se les quedó pequeño su territorio y, siglo tras siglo, **se dedicaron a conquistar buena parte de Europa y del sur de África.** Si les hubieras preguntado, ellos te habrían dicho que eran pacifistas, pero que el resto de los pueblos del mundo los necesitaban… porque hasta que ellos llegaron, ¡eran unos bárbaros! Quizá los conquistados no lo veían igual, ¿verdad?

MEDIDOR DE BARBARIE

¿Pero esto es en serio?

| No ser romano | No hablar latín | No saber construir un acueducto | Beber leche | ¡SER UN TRAGAMANTEQUILLAS! |

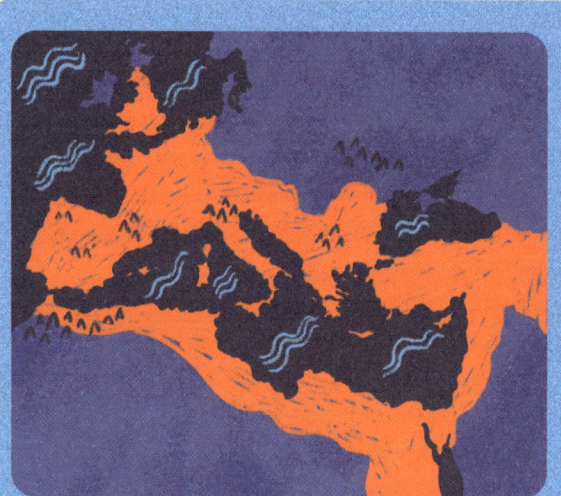

En este mapa vemos lo grande que llegó a ser el **Imperio romano.**

Y, en este otro, vemos **qué parte de Europa es ahora más fan del aceite de oliva y cuál lo es de la mantequilla.**

¿Qué equipo gana, el Mantequilla o el Aceite?

Imperio romano
Aceite de oliva
Mantequilla
Un poco de todo

Cuando los romanos miraban al mundo, lo veían **partido en dos:**

EL MUNDO CIVILIZADO

Capaces de controlar la naturaleza a su antojo con la magia de la **agricultura.** Los más listos, los más guapos… y los más *humildes.*

En los **huertos** se encontraban sus tres plantas insignia:

Trigo

Vides

Olivos

Y en sus mesas, tres alimentos:

Pan

Aceite

Vino

EL MUNDO SALVAJE, BARBÁRICO, DESQUICIADO Y TERRIBLE

Donde estaban a merced de la naturaleza, más cerca de las cabras que pastoreaban que del resto de los seres humanos.

COMÍAN CARNE

COCINABAN CON MANTEQUILLA

BEBÍAN LECHE

Hace ya tiempo de los años del esplendor del Imperio romano, pero nos han dejado algo más que el Coliseo: **ahora, cada vez que un español ve cocinar a un francés, dice…**

¡PUAAA!

LA RUTA DE LA SEDA

Los avances en el transporte nos permitieron viajar más lejos y en menos tiempo; y, a la vuelta, traer un poco de esos viajes a casa. Gracias a ellos, **cambiaron los tejidos de nuestras ropas, las armas con las que se libraban las guerras y, por supuesto, nuestra manera de comer.**

La Ruta de la Seda, una red de caminos que unían Europa y Asia, marcó un antes y un después en nuestros platos.

En esta época las neveras eran ciencia ficción. Había mercaderes que recorrían casi 6000 kilómetros, en barco o a lomos de camellos, así que debían buscar maneras **nuevas de conservar la comida** si querían venderla.

La fruta se deshidrataba, se escarchaba o se ponía en almíbar.

En vez del alimento en sí, se traían sus semillas.

Transportaban cereales, vino o té, que podían conservarse en buenas condiciones durante años.

EUROPA

Los alimentos que cruzaron el desierto **cambiaron** para siempre la gastronomía de ambos continentes. **Asia recibió de Europa...**

ROMERO

PEREJIL

TRIGO Y HARINA

UVAS, VINAGRE Y VINO

MANZANAS Y MELONES

La ruta de la Seda bien se podría haber llamado la ruta de la Pimienta: fue uno de los cargamentos más comunes en las alforjas de los mercaderes.

Durante buena parte de la Historia, **las especias han sido uno de los productos más caros y preciados,** disfrutados solo por unos pocos. Tenían multitud de usos:

Para quemarlas como incienso en rituales religiosos.

Para conservar comida durante las largas travesías.

Para enmascarar el sabor de la comida mal conservada.

Para hacer más sabrosos los platos.

Europa recibió de Asia…

ASIA

ALMENDRAS, PISTACHOS y NUECES

CAÑA DE AZÚCAR

MELOCOTONES

BERENJENAS

PASTA

TÉ

PIMIENTA, CLAVO Y CÚRCUMA

ARROZ

SORBER O NO SORBER, ESA ES LA CUESTIÓN

La mayoría de la gente no sabría qué hacer en un restaurante de cinco estrellas con sus veinte tenedores, cucharillas y cuchillos. Sin embargo, **sabemos que no es educado poner los codos sobre la mesa, sorber la comida o eructar…, ¿verdad?**

¡No es tan sencillo! **Las normas de conducta en la mesa pueden cambiar radicalmente de un país a otro.**

SORBER

En **Japón** no solo sirve para agradecer la comida, sino para experimentar todo el sabor de platos como el ramen.

UTILIZAR LOS CUBIERTOS

En **Marruecos** es tradición comer con las manos, y en **Tailandia,** el tenedor solo se utiliza para colocar la comida en la cuchara.

ESPERAR PARA COMER

En **Corea del Sur,** todos los comensales esperan hasta que empieza a comer la persona mayor de la mesa.

¡Que no tengo hambre!

MOJAR EL PAN

En **Italia** significa que has disfrutado de la comida, ¡así que no dejes ni una gota de salsa! Eso sí: ni se te ocurra echar parmesano a la *pizza.* ¡Salvaje!

TERMINARSE LA COMIDA

Si en China dejas el plato limpio, es una descortesía porque piensan que no has comido suficiente.

ERUCTAR

En Islandia, China y Turquía es tan natural como estornudar. ¡Salud!

Las **normas de conducta en la mesa** no cambian solo de un país a otro, sino que también **han ido variando una y otra vez a lo largo de los siglos.** Por ejemplo, **comer solo en tu cuarto es actualmente algo descortés,** ¿verdad? Es incluso, antihigiénico.

Sin embargo, **hasta el siglo XIX no existía el comedor propiamente dicho.** La burguesía, la nobleza e incluso la realeza almorzaban en la antecámara de su dormitorio.

Y las diferencias no acaban ahí: **las mesas españolas han cambiado mucho con los años.** Por ejemplo, en el siglo XVI…

Las mujeres se sentaban a un lado de la mesa, y los hombres al otro.

Antes de comer, se lavaban las manos en palanganas de agua en la misma mesa.

No había vasos en la mesa: cada vez que se quería beber, se pedía un vaso con el agua ya servida.

LOS SABORES DE AMÉRICA

Los europeos llegaron a **América** por primera vez **buscando una alternativa a la ruta de la Seda** para llegar a Asia, y así controlar el mercado de especias. No llegaron a la tierra del clavo y la cúrcuma, sino a una de nuevos sabores: a la tierra de la vainilla, del pimentón y de la cayena. **¡América!**

Muchos de los ingredientes que ahora damos por sentados eran nuevos a los ojos de los europeos. Es más, sin ellos no podríamos cocinar muchos de nuestros platos favoritos, porque nos faltarían ingredientes que solo encontraríamos en América.

A la pizza, el tomate.

A la tortilla le faltarían las patatas.

A las palomitas, el maíz.

Y a todos tus dulces favoritos, el chocolate.

Europa llevó, aparte de alimentos, su religión y su cultura, pero también enfermedades.

Aunque fruto del contacto entre los europeos y estas civilizaciones nativas se pudieron perder historias, sabores o conocimientos, se han conservado ¡por suerte! muchas cosas: la manera de vivir y de ver el mundo de aquellas civilizaciones perdura en sus descendientes y en sus recetas, que siguen llenando nuestros platos.

Y en América tampoco podrían cocinar muchos de sus platos si no contaran con ingredientes que llevaron los europeos. ¡Habrían tenido el mismo problema!

Al arroz chaufa ¡le faltaría el arroz!

El seco de carne no tendría su plátano frito.

El dulce de leche no llevaría el azúcar.

COMER CON LAS MANOS NO ES NINGUNA GUARRERÍA

¡Pongamos la mesa! Primero el mantel. Al menos un plato por cada comensal, y alrededor los vasos, las copas y las servilletas. ¡No olvides los cubiertos! Una cuchara, un cuchillo y un tenedor. Y unos palillos. Ah, yo no uso cubiertos. **Quizás esto de poner la mesa sea más complicado de lo que parece…**

En los restaurantes más elegantes, por ejemplo, puede haber **hasta diez cubiertos alrededor del plato.** ¡Menudo lío!

Cucharilla y tenedor de postre

Tenedor de entrantes

Tenedor de pescado

Tenedor de carne

Cuchillo de carne

Cuchillo de pescado

Cuchillo de entrantes

Cuchara de sopa

Quizá para evitarnos todos estos líos, **los seres humanos hemos comido con las manos la mayor parte de la historia.** Es más: algunas culturas, como la musulmana, lo sigue haciendo.

¡Eh!, no es tan fácil como parece.

Se debe comer usando solo tres dedos de la mano derecha, si uno es diestro.

¿Y qué pasa con los cubiertos?

El cuchillo y la cuchara han estado presentes desde que empezamos a fabricar herramientas; sin embargo, **el tenedor es prácticamente un recién llegado.**

El tenedor lo popularizó la reina italiana Catalina de Médicis en Francia hace menos de 600 años, junto con la pasta y el aceite de oliva. ¿Cómo si no iban a comer espaguetis? Sin embargo, el tenedor no se usa en todos los países del mundo, o al menos no tradicionalmente. **Los palillos, por ejemplo, soy muy anteriores a nuestro amigo de tres puntas.**

En la **China Imperial** la nobleza utilizaba palillos de plata: **si la comida estaba envenenada, ¡cambiaban de color!**

En Corea los palillos son metálicos.

En Japón y China suelen ser de madera.

LOS RESTAURANTES Y LOS HOTELES ¡NACIERON A LA VEZ!

Desde siempre hemos viajado y hemos necesitado un lugar donde comer, calentarnos y pasar la noche. **Sin embargo, los hoteles y los restaurantes tal y como los conocemos hoy son un invento bastante reciente.**

¿Buscando un lugar para alojaros y llegar frescas como lechugas a la feria de ganado? ¿Donde probar platos exóticos, como la carne de caballo o de zarigüeya?

¡No busquéis más! Consultad nuestro catálogo ¡y elegid el destino perfecto para vosotras!

OPCIÓN A

La hospitalidad en los inicios de Grecia

Incluye: agua, lumbre, techo y forraje para tu montura.
(No incluye: comida para ti).
Normas de convivencia:
En caso de fallecimiento del huésped, su anfitrión heredará sus bienes.
Si dicha muerte es por asesinato, el anfitrión tendrá la obligación de vengarle.
Precio: ¡gratis!*

*Todavía nadie ha inventado el dinero.

OPCIÓN B

Posadas y tabernas de la Antigua Roma

Incluye: cama, restaurante, techo y diversión.
Menú: sopa, un poquito de carne o pescado*, pan y vino a raudales.
Importante: aquí solo vienen ladrones, marineros y maleantes de distintos tipos.
Abstenerse personas respetables.

*Bueno, no siempre. Cuando se tercie.

CASAS DE HUÉSPEDES A FINALES DE LA EDAD MEDIA

OPCIÓN C1

Para los ahorradores

Encantadora casita de piedra de una sola habitación, decoración rural. Perfecta para conocer gente nueva*.
Incluye: hueco en el suelo y calor del fuego.
Servicio de restaurante: ¿restaura qué?

*Viajeros, posaderos, animales y pertenencias dormirán en comunidad (unos encima de otros).

OPCIÓN C2

Para los más exigentes

Lujosa casa de huéspedes con jardín propio, establos y habitaciones individuales*.
Incluye: cama, armario propio, puerta con pestillo y servicio de restaurante.

*Solo disponibles en Francia, Italia e Inglaterra.

¿Y hay algún lugar donde se pueda comer en condiciones?

¡Claro que sí! Pero para eso tendréis que esperar hasta mediados del siglo XVIII, en París.

Allí nacieron los primeros restaurantes modernos, tal como los conocemos hoy.

Se dice que un cocinero llamado Boulanger **abrió el primer restaurante** en el París de 1765 al colocar este cartel en su puerta:

«VENID LOS QUE HACÉIS TRABAJAR A VUESTROS ESTÓMAGOS, QUE YO OS LOS RESTAURARÉ*».** (*De esta palabrita derivó *restaurante*).

¡Decoración elegante!

¡Sabrosos menús!

¡Mesas privadas!

Los establecimientos como el de Boulanger empezaron a proliferar en París y, en 50 años, pasaron de unos 100 ¡a 500! Y esta cifra no ha dejado de crecer y crecer.

DE LOS LIBROS DE RECETAS A LOS VÍDEOS DE COCINA

Con la invención de la imprenta en 1440, los libros empezaron a producirse en masa, por lo que se abarataron y fueron accesibles para todo el mundo. **Entre los favoritos de los franceses estaban los libros de cocina,** que hoy siguen llenando estanterías, aunque algo eclipsados por la televisión y después por las redes sociales.

LIBROS DE COCINA

LE VIANDER, siglo XV.
Soy el primero de los libros de recetas modernos. ¡Toma ya!

EL GRAN COCINERO, siglo XVI.
¡Ese libro es un caos!
Yo estoy dividido en secciones, una para cada plato de la cena.

1. PRIMER PLATO
2. SEGUNDO PLATO
3. POSTRE

EL TESAURO DE LA SALUD, siglo XVII.
Todas esas recetas son grasientas y poco nutritivas. ¡Yo os traigo menús saludables!

EL PASTELERO, siglo XVII.
Yo me especializo en postres.

EL PEQUEÑO TRATADO DE LAS CONFITURAS, siglo XVII.
¡Y yo, en mermeladas!

EL FESTÍN FELIZ, siglo XVIII.
Las recetas que yo cocino las canto y las rimo.

Aunque quienes tradicionalmente se ocupaban de los fogones eran mujeres, estos libros los escribieron hombres.

¿Qué estaban haciendo ellas mientras tanto?

RECETARIOS FAMILIARES

Eso no quiere decir que carecieran de recetas propias: se enseñaban las unas a las otras. **Las recetas pasaban de madre a hija**, de tía a sobrina, de abuela a nieta.

Para empezar, muchas no sabían ni leer ni escribir.

Y si sabían, no se les permitía publicar libros por ser mujeres.

ALMEJAS EN SALSA DE LA ABUELA LEONOR

500 g de harina
2 cebollas
1 diente de ajo
1 pizca de azafrán
Perejil fresco, sal
Caldo de pescado

Sustituir por puerro si viene María

Para Año Nuevo

Para quitar la arena a las almejas hay que dejarlas o más. Luego, para que se abran, las pones al vap un vaso de agua y un puñado de sal gorda. Las de Pico bien el ajo, la cebolla y el perejil. Reservo la en la sartén primero el ajo hasta que quede algo bajo el fuego y echo la cebolla hasta que suelte Yo, además, le echo una guindillita.
Añadimos las hebras de azafrán y doramos la ha cruda. Subimos el fuego y removemos sin parar

Estas recetas se escribían en notas o en cuadernos y son un **tesoro familiar**, ya que son parte de su historia.

PROGRAMAS DE TELEVISIÓN

Por supuesto, la historia de los recetarios no acabó aquí: con la llegada de la televisión empezaron a proliferar **programas** en los que se explicaban recetas en directo, como el de la chef inglesa Julia Child en la década de 1970 o *Con las manos en la masa*, presentado por Elena Santonja a partir de 1984.

COCINANDO EN INTERNET

Las redes sociales se han inundado con una marea de recetas en vídeo. No solo **aprendemos recetas de todo el mundo**, sino que **ver cocinar y comer a otros nos hace disfrutar** casi tanto como si lo hiciéramos nosotros.

UNA LATA PARA DETENER EL TIEMPO

A partir de la **Revolución industrial,** en la segunda mitad del siglo XVIII, **la población europea empezó a crecer a marchas forzadas.** La mayoría había dejado el campo y ahora trabajaba en las fábricas de la ciudad. **La comida a la que podían acceder era cada vez más escasa y cara, y ya no la producían ellos mismos,** sino que debían comprarla. **Nació así la nueva industria alimentaria.**

Esta industria debía resolver dos grandes problemas:

1. ¿Cómo conseguir que la comida llegara a su destino antes de que se estropeara?

¡Eh, tú, sinvergüenza! ¡Ese hielo es mío!

Aunque en el siglo XVIII y XIX se inventaron **el barco y el tren a vapor,** no eran suficientemente rápidos.

Hasta el momento, se había utilizado **hielo para mantener la comida fría,** pero era **caro y difícil de obtener:** si en tu país hacía calor, quizá tuvieras que ir a la Antártida a por más.

Je, je

¿Ese nombre te suena de algo?

Le Frigorifique

Los primeros **frigoríficos a vapor** se inventaron en 1851, pero no fue hasta 1876 que se hizo a la mar el primer barco con cámaras frigoríficas para transportar carne, llamado *Le Frigorifique.*

Pasó casi un siglo hasta que las **neveras llegaron a nuestras casas,** ¡y ya no sabríamos vivir sin ellas!

¡Mira, mamá! ¡Así no hay que encender el aire acondicionado!

2. ¿Cómo conservar la comida hasta que llegara a su destino?

Mucho mucho antes de la Revolución Industrial, ya se usaban **técnicas para conservar los alimentos.**

SALAZÓN
Ponerlos en sal.

FERMENTACIÓN
Transformarlos con una sustancia, como la levadura.

DESHIDRATACIÓN
Desecar la carne o la fruta.

DECAPADO
Sumergirlos en un líquido comestible, como el vinagre.

Todas estas técnicas cambiaban la textura, el color y el sabor de los alimentos. Con la llegada de las conservas, esto cambió. **Aprendimos a detener el tiempo.**

En 1810, Nicholas Appert, un cocinero francés, fue premiado por haber inventado un método secreto para hacer **conservas herméticas:**

1. Hervir el alimento.

2. Meterlo en un bote o lata que cerraban con un tapón de corcho.

Zzzzzzz...

3. Hervir el bote, de nuevo, durante largo tiempo.

(Nadie dijo que fuera demasiado emocionante).

Y así nacieron **las latas de conserva** que pueblan los supermercados de todo el mundo.

UN MENÚ A NUESTRA MEDIDA

Después de nuestro viaje a lo largo y ancho de la historia de la comida, podemos afirmar que lo que comemos ha cambiado no solo con el tiempo, sino de un lugar a otro. **Sin embargo, las diferencias en nuestra alimentación no se detienen ahí.**

Hay personas que **deciden no comer ciertos alimentos:**

CAMILA ES VEGETARIANA
Ha decidido que no va a comer ni carne ni pescado.

Para comer no necesito hacer daño a ningún animal. Además, es más respetuoso con el medio ambiente.

Y NICO, VEGANO
No come nada que provenga de un animal: carne, pescado, huevos, leche.

Creo que no solo hacemos daño a los animales cuando nos los comemos, sino también cuando los utilizamos para conseguir productos de ellos.

SARA Y JAMIL NO COMEN CERDO
Sara es judía y Jamil, musulmán. En las dos religiones, el cerdo es un animal impuro, que no debe comerse.

Y hay personas, que aunque quieran, **no pueden tomar algunos alimentos:**

ISABELLA ES ALÉRGICA AL HUEVO

Su cuerpo detecta el huevo como algo peligroso y lo combate como si fuera una gripe. Si alguien cocina una tortilla cerca, estornuda y le pican la piel y los ojos. Si comiera un poco de esa tortilla por error, podría tener vómitos o dificultad para respirar.

PABLO ES INTOLERANTE A LA LACTOSA

Su estómago no sabe bien cómo digerir la leche, el yogur, el queso… Si por error los toma, a los pocos minutos le dolerá la tripa y probablemente tenga que hacer una visita al baño.

MARINA ES CELÍACA

No puede comer gluten, una proteína que se encuentra en todo alimento elaborado con trigo, centeno o cebada.
Si toma algo que lo contenga, tal vez no lo note en el momento, pero a la larga su intestino puede dejar de absorber nutrientes de manera adecuada.

DYLAN ES DIABÉTICO

Su cuerpo no regula bien los niveles de azúcar:
Para ayudar a su cuerpo a hacerlo, lleva un sensor en el brazo que le avisa cuando tiene el azúcar demasiado alta o demasiado baja.

¿Por qué no puedo ser intolerante al brócoli?

Cuando está demasiado alta, mi padre me pincha insulina, que ayuda a mi cuerpo a rebajarla.

Y, si está demasiado baja, ¡tengo excusa para tomarme una gominola!

¿CUÁNTOS KILÓMETROS RECORRE UN GARBANZO?

Antes de leer este capítulo, te propongo un experimento: la **próxima vez que vayas al mercado intenta leer las etiquetas de los productos frescos** que compréis, y anota el origen. Descubrirás que tu comida ¡viaja mucho más que tú en verano!

Quiero que conozcas a **los Legúmez:** una familia de garbanzos que tiene por delante una larga travesía hasta tu plato.

1. Cultivo
La familia Legúmez es sembrada en la India.

Después de 100 días de cultivo, pasan a la…

2. Industria

Procesado
Convertimos parte de los garbanzos en harina.

Envasado

¡Qué ganas de montar en tren! ¡Y en avión, más!

Garbancín, los Legúmez vamos en camión.

Y después, cientos de kilómetros por carretera para llegar a tu provincia.

3. Distribución

AVIÓN
Para distancias largas y alimentos que se estropean rápidamente. El más contaminante.

CAMIÓN
El transporte más barato. Para distancias cortas.

TREN
Más ecológico.

Más rápido.

Pero más

BARCO
Más lento…, y más barato. Alimentos congelados o no perecederos.

TIENDAS DE BARRIO

4. Venta

¡Hasta luego, abuela!

SUPERMERCADOS

META
Tu mesa. ¡Que aproveche!

RESTAURANTES

¡Menudo viaje! ¿Todo eso para unos garbanzos?

Los Legúmez deberán recorrer 8000 km hasta llegar al puerto español.

Esta manera de organizar el mundo nos permite disponer de alimentos de cualquier lugar del planeta, todo el año, pero… **¡es terrible para el planeta!** Una manera de poner nuestro granito de arena para solucionarlo es estar pendientes de las etiquetas y **comprar alimentos producidos cerca de nuestra casa.**

¿TENGO QUE COMER COSAS QUE NO ME GUSTAN?

Habrás oído una y mil veces que **para crecer tienes que comer.** También, que no puedes comer solo arroz con tomate, sino que además necesitas verduras y pescado, y quizás alguna otra cosa que no te guste especialmente, pero… **¿sabes por qué?**

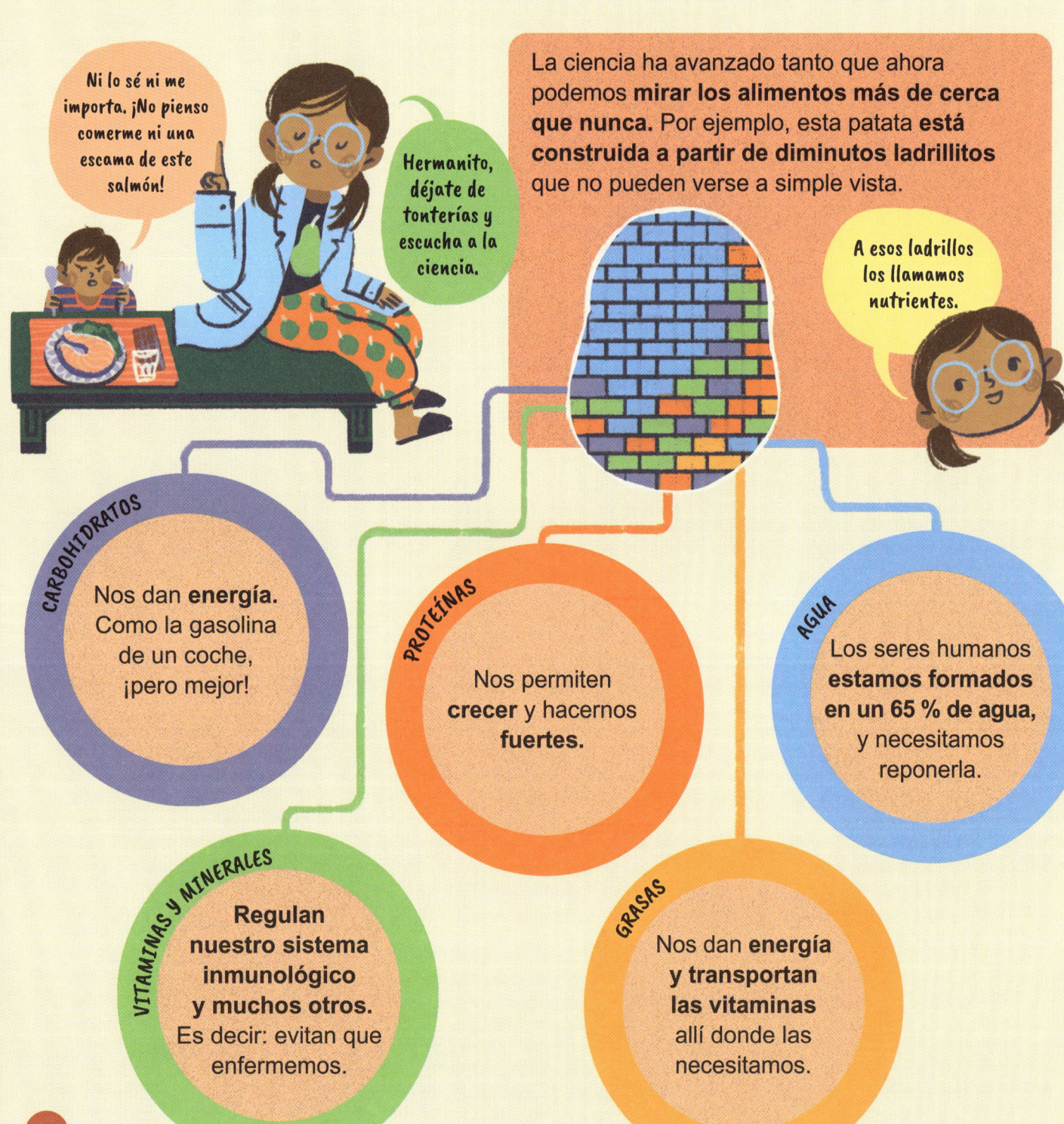

Ni lo sé ni me importa. ¡No pienso comerme ni una escama de este salmón!

Hermanito, déjate de tonterías y escucha a la ciencia.

La ciencia ha avanzado tanto que ahora podemos **mirar los alimentos más de cerca que nunca.** Por ejemplo, esta patata **está construida a partir de diminutos ladrillitos** que no pueden verse a simple vista.

A esos ladrillos los llamamos nutrientes.

CARBOHIDRATOS

Nos dan **energía.** Como la gasolina de un coche, ¡pero mejor!

PROTEÍNAS

Nos permiten **crecer** y hacernos **fuertes.**

AGUA

Los seres humanos **estamos formados en un 65 % de agua,** y necesitamos reponerla.

VITAMINAS Y MINERALES

Regulan nuestro sistema inmunológico y muchos otros. Es decir: evitan que enfermemos.

GRASAS

Nos dan **energía y transportan las vitaminas** allí donde las necesitamos.

VITAMINAS **PROTEÍNAS** **CARBOHIDRATOS** **GRASAS**

Estos nutrientes no están en todos los alimentos **ni todos los alimentos tienen la misma cantidad de cada nutriente.** Las legumbres y la carne son de los que más proteínas tienen; y las frutas y verduras, más vitaminas.

Necesitamos comer un poco de (casi) todo para crecer y vivir sanos y felices.

Así que, si como otros pescados y legumbres... ¡no tengo que comer salmón!

Si ya sabía yo que esto te iba a interesar.

Sin embargo, **de cada 100 personas del planeta, 10 no tienen acceso a suficiente comida** o solo a la menos nutritiva.

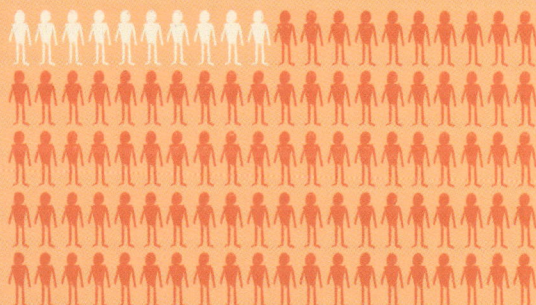

De **cada 100 niños y niñas** que hay en el mundo, **casi 7 de ellos pasan tanta hambre que tienen problemas para crecer.**

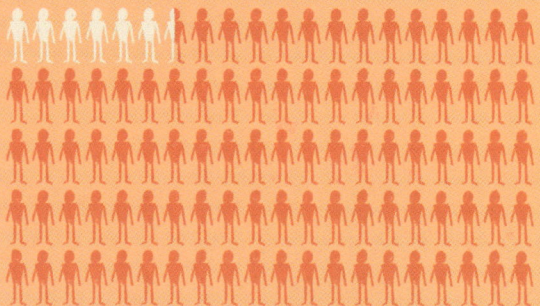

Si en la actualidad podemos producir comida en masa, y distribuirla por todo el planeta..., ¿por qué sigue habiendo hambre en el mundo?

Las guerras y la crisis climática hacen cada vez más difícil que todo el mundo pueda llenar sus platos, pero no son las únicas causas: **si no tienes dinero, no tendrás mucho que llevarte a la boca,** y lo que puedas comer no será lo más nutritivo, o al menos, no cubrirá todas tus necesidades.

Personas de todo el planeta luchan cada día por el fin del hambre en el mundo.

LOS TRANSGÉNICOS: ¿LA CIENCIA SE HA PASADO DE LA RAYA?

Desde que aparecieron en el mercado, **los alimentos transgénicos han hecho saltar las alarmas.** ¿Qué son exactamente? **Son aquellos organismos vivos cuyo ADN ha sido modificado utilizando ingeniería genética.** ¿Te has quedado con la idea? Yo tampoco, empecemos otra vez.

Un transgénico es un...

ORGANISMO VIVO

Puede ser cualquier ser vivo: **una planta, un animal, un hongo e incluso una bacteria.**

cuyo

ADN

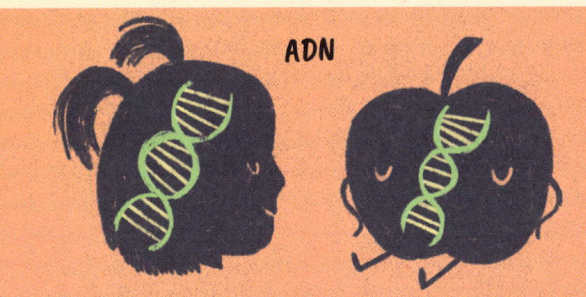

Dentro de ti hay una receta. Sí, como si fueras una tarta. Solo que en vez de decidir si eres un bizcocho de chocolate o de nata, **nos dice de qué color son tus ojos y mucho más. Esa receta es el ADN.**

ha sido modificado utilizando

INGENIERÍA GENÉTICA

Son las **acciones** que se realizan para **cambiar algo del ADN.**

¿Para qué queremos alimentos transgénicos?
A través de la ingeniería genética, **introducimos el ADN de ciertos alimentos en otros a los que les pueda resultar útil.**

Para que resistan enfermedades.

Para espantar a los insectos que quieran darse un festín.

Para que sean más nutritivos.

Aquí tienes algunas creencias sobre los transgénicos… y la verdad.

Comer alimentos transgénicos modificará nuestro ADN.

Hay quien cree que, si introduces el ADN de un pollo en un tomate, esos genes de ave reescribirán tu ADN, pero **¿sabes en qué otra ocasión comes genes de pollo? Cuando comes pollo.** Y por ahora no tenemos ejemplos de humanos a los que les hayan salido alas por eso (para bien o para mal).

¡Están por todas partes!

Hay pocos alimentos transgénicos en el mercado: la soja, el maíz o el algodón son los más desarrollados. Eso sí: usamos transgénicos para producir medicamentos como la insulina, o productos de limpieza como el detergente. Gracias a ello, son más baratos y accesibles para todo el mundo.

Los cultivos transgénicos son malos para el planeta

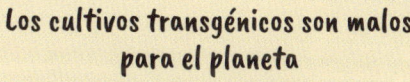

Si tenemos cultivos que resisten por sí mismos a las plagas, no necesitaremos usar insecticidas. **Los transgénicos pueden ser un medio para cuidar el planeta.**

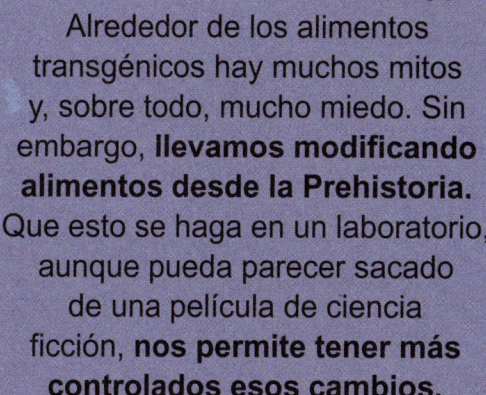

Alrededor de los alimentos transgénicos hay muchos mitos y, sobre todo, mucho miedo. Sin embargo, **llevamos modificando alimentos desde la Prehistoria.** Que esto se haga en un laboratorio, aunque pueda parecer sacado de una película de ciencia ficción, **nos permite tener más controlados esos cambios.**

¿TODO LA COMIDA ALIMENTA IGUAL?

La industria alimentaria creó, como te hemos contado en las páginas 44 y 45, las conservas y las neveras, pero no se detuvo allí, sino que se lanzó a desarrollar **aditivos artificiales** para dar sabor, color y durabilidad a los alimentos. **¡Y así fue como llegaron al mercado los ultraprocesados!**: alimentos que se comen, pero que no son exactamente comida.

¡POR QUÉ SE INVENTARON LOS ULTRAPROCESADOS?

Porque **cada vez pasábamos más tiempo fuera de casa.** ¿Quién tiene un hueco para hacer croquetas?

Cada vez trabajo más fuera de casa, además de dentro, pero mi marido todavía no sabe ni hacerse un huevo frito.

Las cenas precocinadas y el microondas son ahora mis mejores amigos.

Porque este tipo de productos son muy **baratos de fabricar** para la industria.

Cada vez más y más ultraprocesados inundan las estanterías de los supermercados. **¿Cómo identificarlos? Ponte tu gabardina de detective y vamos a investigar.**

¿Ves esa galleta? Parece buena, crujiente, civilizada...

¿Disculpa?

Si ella no confiesa, tenemos que recurrir a otros métodos...

Cookies

¡Como leer lo que pone en su envase!

LA COMIDA CALLEJERA: DE LA ANTIGUA ROMA A NUEVA YORK

Aunque parezca algo moderno y reciente, la comida callejera **lleva en nuestras calles desde la Antigüedad,** y es tan variada como culturas hay en el mundo. Eso sí, casi todas tienen algo en común: **su bajo precio y la facilidad para comerlas incluso mientras caminamos. Sus sabores nos conectan** con otras culturas, con las avenidas de nuestras calles y con nuestros vecinos.

ANTIGUA ROMA

En el mostrador de piedra, había varios agujeros donde se colocaban **ánforas con vino** y comida caliente.

INDIA EN EL SIGLO XVI

Había muchos **vendedores de satay,** brochetas de carne a la parrilla.

Satay

EUROPA EN LA EDAD MEDIA

Unas de las comidas callejeras más populares eran las **empanadas y los pasteles rellenos.**

NUEVA YORK EN EL SIGLO XX

Durante el siglo XVIII **se prohibió la comida callejera,** pero desde el siglo XX **es parte de su identidad.**

Arepa venezolana

JAPÓN EN EL SIGLO XX

Migrantes provenientes de **China** llevaron el **ramen** a Japón.

Y su éxito fue tal que **es uno de sus platos estrella.**

Ramen

EN LA ACTUALIDAD...

La comida callejera sigue siendo tan popular que hay personas que contratan *foodtrucks* para el banquete de su boda.

¡QUÉ BIEN HEMOS COMIDO!

Este mantel lo han recorrido mamuts y perros lobo, mercaderes a lomos de camellos y escuadrones de soldados romanos, trenes a vapor y aviones acelerados.

Entre sus hilos, una mazorca de maíz se reencontró con su abuelo y una reina italiana reivindicó el tenedor; se han enfrentado la mantequilla y el aceite y se ha intentado, una y otra vez, detener el paso del tiempo en nuestras despensas.

De Roma a Times Square, has viajado a lomos de cubiertos, platos y palillos, para llegar hasta aquí: a la sobremesa. Ya solo quedan las migajas y los adultos empiezan a fantasear con echarse la siesta. Que se vayan a dormir: ellos se lo pierden.

Ojalá te hayas quedado con hambre de hacerte preguntas, de investigar y, sobre todo, con hambre de saber.

Ahora corre, ¡a recoger!

PAPEL DE FIBRA
CERTIFICADA

ISBN: 978-84-19893-35-2
Depósito legal: M-16122-2025
Impreso en España - *Printed in Spain*